|강여울|풀씨처럼| ④

꽃들도
눈물 흘려요

오혜령 · 영성묵상기도집

오혜령 영성묵상기도집

| 강여울 | 풀씨처럼 | ④

꽃들도 눈물 흘려요

 2003

글쓴이 · 오혜령
펴낸이 · 김래수

초판 인쇄 · 2003. 11. 25
초판 발행 · 2003. 11. 30

기획 · 정숙미
편집 · 김성수 · 한진영
북디자인 · N.com (749-7123)
분해, 제판 · 성광사 (2272-6810)
인쇄 · 청송문화인쇄사 (2676-4573)

펴낸 곳 · 도서출판 이유
주소 · 서울특별시 동작구 상도5동 103-5 성은빌딩 3층
전화 · 02-812-7217 팩스 · 02-812-7218
E-mail · eupub@hanafos.com
출판 등록 · 2000. 1. 4 제20-358호

ISBN 89-89703-38-7 04230
ISBN 89-89703-34-4(세트)

● 저자와의 협의하에 인지를 생략합니다.
● 이 책에 실린 글의 저작권과 출판권은 도서출판 이유에 있습니다.
  저작권법에 보호받는 저작물이므로 영상이나 활자 등 어떤 경우에도
  도서출판 이유의 서면 동의없이 무단 전재나 복제를 금합니다.

| 강여울 | 풀씨처럼 | ④

꽃들도
눈물 흘려요

오혜령 · 영성묵상기도집

| 서 | 시 |

밤마다 기우시고 때우시고

신비 그 자체이신
아버지 하나님,
제가 당신 앞에 있기 전
당신께서 먼저
제 앞에 와 주시다뇨!
도대체 당신은
누구십니까?

제가 당신께
사랑을 고백하기 전
당신께서 먼저 사랑한다시며
사랑의 현존으로
어루만져 주시다뇨!
과연 당신은
누구십니까?

죄인 중의 큰 죄인
악인 가운데
으뜸 악인인 저를
버리고 내동댕이치지 않으시고
아직도 살려 품어 주시다뇨!
아, 당신은 누구십니까?

늙고 쓸모없고
병들고 추한 저를
밤마다
기우시고 때우시고
고치시고 바느질하셔서
여전히 당신의
연장으로 써 주시다뇨!
진정 당신은 누구십니까?

오늘도
당신이 제 앞에 계십니다
찬미와 감사를 드립니다
오늘도
당신께서 저를 생명으로
화사하게 꽃피우고 계십니다
감사와 영광을
받으시옵소서

이 세상에서
가장 복된 자리에
저 같은 죄인을 세우시고
이 지상에서
최상의 지복을 누리게 하시다뇨!

땅에서
가장 건강한 자가 하는 일을
매일 쉬지 않고
하게 해 주시다뇨!
영광과 감사를
받으시옵소서

찬미와 존귀를
세세에 무궁토록
받으시옵소서

아멘

꽃들도 눈물 흘려요

서시 • 밤마다 기우시고 때우시고

1일 • 내 마음 네 마음에 비쳐	10
2일 • 숲 속에서 하룻밤을	18
3일 • 홀로, 나 홀로	22
4일 • 언제나 앞장서셨으니	28
5일 • 깨진 그릇도 쓰시나요?	33
6일 • 저주받으면 오래 산다네	36
7일 • 눈물로 탄원합니다	44
8일 • 언제쯤이나	49
9일 • 쇠빠진 풀잎같은 나	53
10일 • 생명이란 말씀만 들어도	57

11일	오! 경탄, 경탄	60
12일	어찌 제 죄를 모른다 하겠습니까?	68
13일	죽어야 산다	72
14일	봄 꽃잎을 간질이며	76
15일	필요한 일은 하나뿐	80
16일	모든 사람이 주님을 버릴지라도	86
17일	당신이 날 보시고, 내가 당신을 보고	93
18일	갈채 뒤에 배신을 숨기다니	100
19일	흩날리는 머리카락 사이사이	106
20일	나는 없으나 있고	110
21일	꽃들도 눈물 흘려요	116
22일	당신은 살리실 수 없었음	121
23일	나 하나만을 위하여	125
24일	하오나 눈이 부셔서	130
25일	죽음은 마지막 발언권을 잃었으니	134
26일	어린양이 어미양을 살려냈음이여!	138
27일	누군가를 만나고 싶어	143
28일	영혼의 언덕에 샘이 솟아	148
29일	원점으로 돌아가고 싶지 않습니다	151
30일	오늘 여기에 묵으소서	156
	성경 찾아보기	159

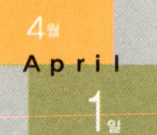

♣ 쇠붙이는 쇠붙이로 쳐야 날이
  날카롭게 서듯이 이웃과 부딪쳐야
  지혜가 예리해진다. (잠 27:17-19)

내 마음 네 마음에 비쳐

주님,
마음을 모두어 당신을 찬송합니다
마음을 다하여 당신을 사랑합니다
마음을 쏟아 당신을 기립니다
마음을 기울여 당신께 감사합니다
제 마음이 너무 좁아
더 이상 못 기울이는 게 슬픕니다
제 마음이 너무 얕아
다 쏟아 봐야 얼마 안 되어 속상합니다
제 마음 너무 작아
다 드려 봐야 보이지도 않습니다

그럼에도 이 마음을 드립니다

주님,
마음을 주고 산다는 게
너무 힘듭니다
제 맘 같은 줄 알고 주다가
항상 변을 당합니다
저는 사랑하는 마음을 말로 표현하다하다
마침내는 보이는 선물로 대신합니다
말로 하면 낯이 간지러워서요
글로 쓰면 꾸미는 것 같아서요
주고 싶은 마음은 태산 같은데

가진 것은 좁쌀알만하여
언제나 안타깝습니다
제겐 내일이 없기에
큰맘 먹고 무리하면서
선물을 골라 보낼 때도 있습니다
값비싼 선물을 보라는 게 아니라
그 선물에 담긴 제 마음을
보배롭게 받아 달라는 뜻이지요

주님,
안 쓰고 덜 가지고 못 먹으며
보낸 선물 하나가
고스란히 제게 돌아왔어요
갑자기 슬퍼졌어요
떼어 보낸 마음이 돌아와서요
설득시키기엔 그 사람은
너무 고루하고 완강해요
그래서 제가 물러서요
자존심이 상해서가 아니라
퇴박맞은 마음이 무안해서요

주님,
처음에는 야속하기까지 했어요
그러나 그의 마음에 비친
제 마음을 보며
오히려 저를 돌아보게 되었지요
그러고보니 저도 지난 날
분수에 맞지 않는 선물이 오면

돌려보낸 적이 있었어요
받는 일에 익숙하지 못했지요
왜 보냈느냐고
펄쩍펄쩍 뛰고나서는
다시는 그러지 말라고
이번엔 온 것이니까 받겠다고
협박하고 나서야 받을 때가 많았어요
받는 능력도 사랑임을 깨달은 것은
이제 겨우 이십 년밖에 안 됐어요

주님,
저는 주는 입장에 서야지
받는 쪽이 되어서는 안 된다는
야릇한 의무감에 시달렸어요
딱지가 덜 떨어진 행위였지요
부자연스러운 행동이었어요
이제는 그 버릇 고쳤어요
무엇이든지 고맙게 잘 받고 감격하여
보답할 날을 기다리게 되었어요

주님,
받는 것만 좋아하고 주는 것에 인색한 사람,
참 매력없는 사람이에요
하지만 주는 것만 기뻐하고
받는 것엔 과민반응하는 사람은
더 매력없는 사람 아닐까요?
서로서로 주고받으며
때로는 성가시게도 하고 부담도 끼치며
내 쪽에서도 상대방의 고뇌를 져 주며
함께 기뻐하고 함께 괴로워하며
비비대며 살아야 하는 것 아닐까요?

주님,
오늘 한 사람을 통해 드러난
제 마음 때문에 마음이 아파요
네 마음 내 마음에 비치고
내 마음 네 마음에 비쳐
네 마음이 내 마음 되고
내 마음이 네 마음 되는
꿈이 사라졌기 때문이에요
내가 내 마음만 갖고 산다면

얼마나 재미없을까요?

주님,
그래도 희망을 잃지 않을래요
내 마음 비쳐지는 네 마음이
어딘가에 있으리라 믿어요
네 마음, 내 마음 가리지 않아도 되는
마음 하나
언젠가는 만나리라 믿어요 †아멘

♣ 이른 아침에 포도원으로 함께 가요.
포도움이 돋았는지, 꽃이 피었는지, 석류꽃이
피었는지, 함께 보러 가요. (아 7:10-12)

숲 속에서 하룻밤을

나의 님, 나의 사랑,
나의 주님,
모래바람이 잦아들었어요
열흘 내내 시야를 가로막던
황사가 잠시 멈췄어요
연한 잎새가 홍역을 하고
갓핀 개나리가 기침을 했지요
진달래, 철쭉은 독감을 앓았어요
가족들은 눈병을 얻었어요
저는 미열에 시달렸어요
창문을 꼭꼭 닫아 걸고 있었어요

당신을 만나러 숲으로 가고 싶었어요
숲 속에서 하룻밤을 지내고 싶었어요
겨울이 길었던 까닭,
봄이 천천히 오는 이유,
참나무의 수압이 떨어지는 원인을
당신으로부터 듣고 싶었어요

나의 사랑, 나의 님,
나의 주님,
오랜만에 창문을 열고 바람을 쐬고 있어요
숲의 달디단 향훈을 맡고 있어요
님이여, 가요
낮에는 봄빛이 쏟아지는 벌판으로 가요
밤에는 나무숲 속에서 사랑을 속삭여요
님이 날마다 그리워하시는 사람이
저라고 말씀해 주세요
제가 님의 것임을 말씀해 주세요
저도 거기에서 저의 사랑을 당신께 드리겠어요
밤마다 애모하며 쓴 편지를 드리겠어요

보지 않고 사랑하는 것,
그동안 눈물나도록 연습했지요만,
사랑하기에 보아야 하는 것,
그 꿈을 이뤄 주세요

나의 주님,
나의 사랑, 나의 님이시여,
당신은 저와 약혼한 사이라고 하셨죠?
그 나라에 가서 혼례식을 치르기 전,

사귀어 보아야 하는 것 아닌가요?
큰 욕심은 없어요
전 당신의 팔짱을 끼고 숲을 거닐며
당신이 오신 그 나라 얘기를 듣고 싶어요
아버지와 천사들 이야기를 듣고 싶어요
모두들 아침이 오기를 기다리는데
당신은 왜 밤을 기다리셨는지
그 까닭을 알고 싶어요
오늘은 밤에도 낮에도
당신과 함께 있고 싶어요
당신께 사랑을 드리겠어요
숲 속에서 하룻밤을
저와 함께 보내 주세요　†아멘

4월 April 3일

♣ 무리를 헤쳐 보내신 뒤에,
　예수께서는 따로 기도하시려고 산에
올라가셨다. (마 14:22-23)

홀로, 나 홀로

홀로 계시기를 원하신 주님,
당신은 항상 고독하셨습니다
당신을 따르는 무리들에게
언제나 둘러싸여 계셨지만
당신은 항상 혼자이셨습니다
그들은 당신을 사랑하지 않았습니다
필요해서 당신을 쫓아다녔습니다
빵 때문에 따라다녔습니다
베푸시는 기적이 하도 신기해서
당신을 놓치지 않으려 했습니다
온종일 가르치시고 하늘나라를 선포하시며

병자를 고치시고 빵을 먹이실 때만
그들은 당신을 환영했습니다
낮에는 당신없이 못 살 것처럼
붙어다니며 찬양했습니다
날이 저물면
그들은 잠에 빠집니다

낮의 일을 잊어버리고
당신이 옆에 계신 것도 잊습니다

당신은 마침내 홀로 남으십니다
언제나 외토리이신 주님,
당신은 밤이 오면 산으로 오르십니다
거기 성부 계신 곳으로
홀로 올라가십니다
사랑을 충전하러 오르십니다
능력을 채우려 오르십니다
당신은 사랑 자체이시고
능력 그 자체이시면서도
겸손히 성부께 구해서 쓰십니다
당신이 고독으로 들어가시는 시간,
그 때는 당신은 혼자가 아니십니다
당신의 고독은 당신 존재의 양식,
"아버지와 함께 있음"의 의미입니다
"아버지의 숨결을 느낌"의 의미입니다
그래서 당신은 항시 홀로 계시기를 소망하십니다

그러나 주님,
당신은 아버지 안에서도

고독하실 때가 있습니다
죽음 가운데 서 계실 때
하나님이신 당신은
하나님으로부터 버림 받으시며
고독하십니다
아버지의 뜻을 이뤄드리기 위해
당신의 뜻을 비우실 때,
그 때 당신은 철저하게 혼자이십니다

당신은 아버지와 한 몸이시지만
당신의 몸으로 죽음을 받으셔야 하는
알아들을 수 없는
고독의 심연으로 들어가십니다
그 심연에서 사흘 어둠을 삼키시며
고독의 '절정체험'을 하십니다
그 죽음의 구렁에서 일어나시며
아버지께 영광을 드리고
당신은 비켜서십니다
이것이 당신의 고독입니다

오 주님,
아버지의 하사품,
빛나는 부활의 영광을 안으시고도
당신은 그 영광을 아버지께 드리며
멀찌감치 물러서십니다
아버지와 함께 누리시는 영광,
그것이 당신의 고독임을 이제서야 깨닫습니다

저도 홀로, 저 홀로
당신 앞에 그리고 아버지 앞에 있는 신비를,
다 버린 후에 얻는 영광마저도
아버지께 드리며 기뻐하는 고독의 신비를,
입게 해 주십시오
거룩한 산, 아버지 앞에
당신과 함께 홀로 있고 싶습니다   † 아멘

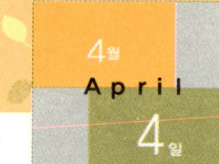

♣ 그들은 거기에서 나와서, 갈릴리를
  가로질러 가고 있었다.
  예수께서는 이것을 남들이 알기를
  바라지 않으셨다. (막 9:30-32)

언제나 앞장서셨으니

주님,
언제부터인가 저희는
칭찬의 노예가 되어 있습니다
칭찬 듣고 인정 받고
부추김 받는 것을 너무 좋아합니다
조언과 충고, 꾸중과 훈계를 듣는 것은
질색합니다

주님,
저희는 영광의 노예가 되어 있습니다
영광의 자리, 영광의 기쁨만을 추구하며

조금도 불편한 것을 원하지 않습니다
희생을 싫어합니다
귀찮고 힘든 것은 남에게 떠맡기고
선명한 흔적이 남는 일만 좋아합니다

주님,
저희는 무사안일의 노예입니다
불의를 보고도 개혁할 의지가 없습니다
정의감도 없고 용기도 없습니다
앞장서 가는 것을 싫어하며
뒤로 처져서 기회만 엿보다가
다수의 의견의 물결에 휩쓸려 갑니다
당신이 보여 주신 준거틀대로
살려는 생각이 없습니다

항상 앞장서서 가시는 주님,
당신은 인류의 역사가 시작된 이래로
언제나 앞장서셨습니다
무딘 양심, 혼돈된 가치체계를

앞장서서 가셨습니다
오늘도 우리 앞에 앞장서 가시오니
당신을 기꺼이 따르고자 합니다
당신은 수난에 대한 두 번째 예고를 하셨습니다
제자들은 당신이 메시아이심을
희미하게는 믿고 있었지만
당신이 예루살렘에서 죽으실 것이라는 말씀은
도무지 받아들일 수가 없었습니다
당신의 말씀은 모든 제자들에게
불안과 당혹스러움을 안겨 주었습니다
그러면서도 어리둥절한 채로
이해할 수 없는 예고를 들으며
따라가고 있습니다
그들은 당신과 함께 예루살렘에 가서 받을
상급과 영광의 자리를 염두에 두었기 때문입니다

오 주님,
고난이 없는 영광은 있을 수 없으며
고난 중에도 숨겨진 영광을 바라보아야 한다는

굳은 믿음을 주시옵소서
항상 장애물이 있는 곳을 가로질러 가시는 주님,
당신은 도사리고 있는 죽음을 보시면서도
멀리 피해가지 않으시고 그 가까이로 질러가십니
당신은 홀로 최후의 결정을 내리셔야 했습니다
제자들과 의논하면 펄쩍 뛰고 만류할 것이기에
홀로 죽음의 길을 선택하십니다
십자가의 그림자를 보며

정면으로 맞서시는 용기를 보여 주셨습니다
당신의 예루살렘은
사랑의 최후의 증거요,
진리의 최후의 간증임을 믿습니다
저희는 안전지대를 떠나
위험지대로 들어가지 못하는 겁쟁이들입니다
항상 갈릴리에 머물기를 원하고
십자가가 기다리고 있는
예루살렘으로 출발하지 못합니다

영광은 바라면서
고난을 두려워하여
머뭇거리기만 하는 저희를
용서해 주시옵소서
여기서도 저기서도 알아듣지 못하는
저희를 불쌍히 여겨 주시옵소서 †아멘

4월
April
5일

♣ 큰 집에는 금그릇과 은그릇뿐만 아니라
나무그릇과 질그릇도 있어서
어떤 것은 귀하게 쓰이고 또 어떤 것은
천하게 쓰입니다. (딤후 2:20-26)

깨진 그릇도 쓰시나요?

하나님 아버지,
당신의 집에서는
보배로운 그릇, 귀한 그릇,
깨끗한 그릇만을 쓰신다지요?
그런데 지금까지 당신께서는
천한 그릇, 질그릇,
더럽고 금 간 그릇을 써 주셨습니다
아무 짝에도 쓸모없는 그릇을
깨뜨려 버리지 않으시고
이제나 저제나 빈 그릇, 거룩한 그릇 되길
기다려 주심 감사합니다

아버지 하나님,
당신의 집에서 쓰시는 그릇은
큰 그릇, 금그릇,
성한 그릇이라고요?
그런데 이제까지 당신께서는
작은 그릇, 깨진 그릇,
잡동사니 가득한 그릇을
써 주셨습니다

그릇 구실 못하는 그릇을
치워 버리지 않으시고
이제나 저제나
귀한 그릇,
온유한 그릇 되길

참아 주심 감사합니다
욕정과 악을 버리고
다툼과 시기, 질투를 끊고
교만과 불의,
참을성 없음을 벗어 버리고
성숙한 그릇, 참 그릇 되어
당신의 나라가 서는 날,
요긴하게 쓰임 받도록 해 주옵소서
당신 나라의 선한 일에
마땅히 사용되게 해 주옵소서　†아멘

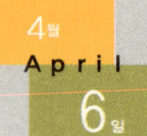

♣ 시므이가 다윗을 저주하여 말하였다.
"영영 가거라! 이 피비린내나는 살인자야!
이 불한당 같은 자야!" (삼하 16:5-13)

저주받으면 오래 산다네

하나님, 나의 하나님,
저는 사람들에게 아무 때나
복 많이 받으라고 말합니다
제게 복을 빌어 줄 축복권이 있든지 없든지
적은 것 하나라도 주는 사람에게
친절한 말 한 마디 건네주는 자에게
계속 복 받으라고 덕담합니다
저를 도와 일 거들고
대신 컴퓨터 쳐 주고 잔심부름 해주며
설거지 해 주고 청소해 주며
빨래 해 주고 약 시중드는 딸들에게

복 받으라고 말합니다
저 대신 우체국 가 주고
저 대신 손님 만나 주며
저 대신 전화 받아 주고
저 대신 궂은 일 해 주고
무엇이든지 저 대신 다 해 주는 남편에게
분마다 시간마다 복을 빌어 줍니다
저 위하여 운전해 주고
저 위하여 시장 함께 보고
저 위하여 무거운 짐 들어 주고
길 떠나면 온갖 수발 다 들어 주는 아들에게
넘치는 복 받으라고 말해 줍니다

하나님, 나의 하나님,
그 뿐만이 아닙니다
제가 빨리 죽기를 바라고
제가 많이 아프기를 원하며
제가 불행하기를 빌며
제가 영영 저주 받기를 소원하며

제가 죄에 미끄러지기를 희망하는
이해할 수 없는 사람들에게도
당신이 복을 내려 주시기를 바랍니다

하나님, 나의 하나님,
회고해 보면 저처럼 욕 많이 먹고
저주 실컷 받은 사람도 없습니다
그러나 그 때마다
다윗을 떠올렸습니다
저주를 퍼붓는 시므이에게

"주님께서 그에게 분부하셔서
그가 저주하는 것이라면
누가 그를 나무랄 수 있겠느냐?"고
말한 내용을 반추하곤 합니다
한 걸음 더 나아가
당신께서 그에게 그렇게 하라고 시킨 것이니
그가 저주하게 내버려 두라고까지 했으니
놀랍고 놀랍습니다
그는 거기에 머물지 않고
당신께서 비참한 모습을 보시고
훗날 좋은 것으로 갚아 주실지도 모른다는
믿음을 갖고 있었습니다
자신을 저주하는 사람을 보지 않고
심판하시는 당신을 바라본
다윗의 영성이 부럽습니다

하나님, 나의 하나님,
저는 남들이 하는 말에
마음을 쓰지 않으려고 노력합니다

솔로몬의 말마따나
저 또한 남을 욕한 일이 많다는 것을
알고 있기 때문입니다
그러나 저는 뒤에서 다른 이를
몰래 욕하지 않습니다
직언하기 때문에 미움 받지만
없는 데서 험담함으로
욕을 먹지는 않습니다
저처럼 욕과 저주 가운데
살아온 사람도 드물겠지요
바로 그것 때문에 이렇게
오래 살고 있는 것은 아닐까요?
욕 먹으면 오래 산다고요?
욕을 했더니 육십 넘게 살고 있다고
이제 욕은 그만두어야 하겠다고
말한 사람이 있었답니다
모두들 이 사실을 뒤늦게 깨닫고
갑자기 저를 칭찬할까
은근히 겁이 납니다

하나님, 나의 하나님,
사람들이 저를 욕하는 것 중 하나는
아프지도 않으면서 아픈 척한다는 것입니다
만나 보면 멀쩡한데
병든 척해서 동정을 산다는 거죠
이런 오해는 평생 받았으니
새삼스레 변명하고 싶지 않습니다
사람들은 자기 관점에서 판단하지요
나와 너는 다르다는 것을 모르고 있습니다

감기만 들어도 누워 있는 사람 있고
중병 걸려도 일하는 사람이 있지요
못 먹으면 얼굴부터 썩는 사람 있고
며칠씩 못 먹어도 얼굴이 환한 사람 있잖아요?
아프면 신음하는 자가 있는가 하면
아파도 전혀 내색하지 않는 사람도 있지요
아무튼 저는 동정 받지 못합니다
아파도 종일 일하고
아프면서도 누워 있지 않고
아무리 아파도 웃기 때문입니다
이런 것으로 욕 먹는 것은
억울하지 않습니다

하나님, 나의 하나님,
억울한 일을 당하면서도
기뻐하는 바보가 되겠습니다
몰이해를 받으면서도
감사하는 바보가 되겠습니다
저주와 욕설을 들으면서도

축복해 주고 칭찬해 주는
사람이 되렵니다
이젠 비난 받는 데 익숙해졌습니다
칭찬듣는 것이 오히려 거북합니다
계속 저주 받으며
'한 사람' 되어 보겠습니다
당신께 인정 받고 칭찬 받는 일에만
주력하렵니다
하나님, 그러면 좀 더 살려 주실 건가요? †아멘

4월 April 7일

♣ 그리고 아이의 손을 잡으시고 말씀하셨다. "달리다 굼!" (막 5:35-43)

눈물로 탄원합니다

병든 자를 불쌍히 여기시는 주님,
문명이 발달할수록
왜 이렇게 병자가 늘어나는지요?
병명 모르는 병들 투성이고
원인 모르는 병명 천지입니다
의사도 알 수 없는 질병 가득하고
의사도 고칠 수 없는 질병 수두룩합니다
너무 잘 먹어서 생기는 병
하도 못 먹어서 생기는 병
과보호 때문에 오는 병
무관심 때문에 오는 병

유전적으로 내려오는 병
후천적으로 얻는 병
완치가 불가능한 병
약이 소용없는 병……
온통 병 때문에 죽어갑니다
모든 병자를 다 고치시진 않았지만
아버지의 영광을 드러내시기 위하여
당신께서는 병자들 앞에서
발걸음을 멈추곤 하셨지요
큰 일 눈앞에 두시고서도
작은 자들에게 연민을 베푸셨지요

주님, 한 가지 청원이 있습니다
제가 아픈 곳을 고쳐 주십사
애원하는 것 아닙니다
제가 사랑하는 한 소년,
근이양증을 앓고 있는 한 소년을
일으켜 주십시오
열 살도 채 못되어 쓰러진

그 아이는 스무 살이 넘도록 누워만 있습니다
근육에 힘이 빠져 움직이지 못합니다
아킬레스건에 문제가 생겼습니다
불치병 환자로 소외되었습니다
그를 고칠 병원이 없습니다
속수무책, 무방비 상태로
치료 없이 집에만 누워 있습니다
근이양증 환자는 스무 살을 못 넘긴다지만
그는 스물두 살이 되었습니다
살려 주시려는 것이죠?

오 주님,
이 아이는 그 집안의 구세주입니다
너무 가난하여 부모가 다투면
배부르다고 밥을 굶습니다
너무 지쳐서 부모가 불목하면
어서 데려가 주십사 기도합니다
자기 때문에 희생하는 가족에게
'감사합니다', '미안합니다' 만

연발하고 있습니다
숨을 못 쉬어 헉헉거리면서도
감사의 노래를 부릅니다
어느 날은 너무 아파
끼니도 굶은 채 찬송가만 부릅니다
전화로 들려 오는 그의 찬양,
아기천사의 노랫가락입니다
누워서 공부하고 누워서 먹고
누워서 기도하며
검정고시에 합격했습니다

주님, 회당장의 딸, 죽은 소녀의 손을 잡고
"달리다 굼!" 하셨듯이
그에게도 찾아가셔서
"어서 일어나거라."
명령해 주십시오
당신께서 그에게 직접 말씀하시면
아이는 벌떡 일어날 것입니다
그를 일으키시면서

어릴 적부터 앓아 누워 있는
모든 병자들을 다 일으켜 주십시오
제가 그 아이 대신 그 병을 앓을 수만 있다면
대신 그 고통을 받겠습니다
주님,
눈물로 탄원합니다
그 아이를 일으켜 주십시오
당신만을 의지하는 그를
당신의 이름,
나사렛 예수 그리스도의 이름으로
고쳐 주십시오 †아멘

4월 April 8일

♣ 누구든지 손에 쟁기를 잡고 뒤를 돌아다보는 사람은 하나님의 나라에 합당하지 않다. (눅 9:57-62)

언제쯤이나

사랑하는 주님,
당신의 제자가 된다면서
제자됨의 영광만 생각하고
자격을 구비하지 못했습니다
제자의 조건을 충족시키지 못했습니다
여전히 자신에게 머물러 있었고
당신의 말씀대로 십자가를 지지 않았습니다
편하게 당신을 믿고 싶어
높은 기준을 따라가지 않았습니다
언제쯤이나 당신의 제자가 될까요?

자비하신 주님,
그리스도인은 과거지향주의에 빠져 있으면 안 되는데
자꾸 뒤를 돌아다보며
앞으로 나아가지 못했습니다
과거의 자랑과 추억에 사로잡혀 있었습니다
급한 모든 일을 다 해 놓은 후
당신의 제자가 되겠다고 말합니다
때를 놓치면 다시 기회가 없는데
자꾸 내일이 있다는 생각을 합니다

하나님나라에 들어갈 자격을
조목조목 말씀하시는 주님,
당신은 하나님나라에
절대우선권을 두라고 명하십니다
비장한 각오로 예루살렘으로 올라가시며
제자직에 대한 엄격한 요구를 하십니다
그 길은 지극히 위험한 길이므로
용기있게 당신을 따르는 이들만
동행할 수 있기 때문이었습니다

큰 목적을 향해 헌신하려는 생명만이
하나님나라의 요구를
충족시킬 수 있다고 생각하신 것입니다
저희도 하나님나라를 위한
전적인 희생과 정성을 다하여
충성하게 해 주시옵소서

십자가를 팽개치지 말라시는 주님,

당신은 제자됨의 장애를 분명히 말씀하셨습니다
자기안일에 대한 관심을
버리라고 하십니다
하나님나라보다 가족에게 더 집착해 있는 것은
분명히 크나큰 걸림돌이라고 말씀하십니다
부차적인 것 때문에
궁극적인 관심인 하나님나라가 방해받는 것은
안 된다고 깨우쳐 주십니다
하나님나라의 중요성,
그 나라가 요청하는 최상의 충성을
깨닫게 해 주시옵소서
언제쯤이나 저희도 당신의 제자가 될런지요!
더 늦기 전에
어서 제자의 길을 걷도록 해 주시옵소서 †아멘

♣ 온유한 사람은 복이 있다.
  그들이 땅을 차지할 것이다. (마 5:5)

쇠빠진 풀잎같은 나

주님, 그 나라의 땅을 차지하기 위해서는
온유하라고 말씀하시오니
당신 말씀에 귀를 기울입니다
양순하고 겸손하며 순박한 사람들,
온갖 모욕을 견뎌낼 마음이
준비되어 있는 사람들에게,
거룩한 분깃을 약속해 주시니 감사합니다
그러나 주님,
저희들은 겉으로는 부드러운 것 같으면서도
마음 속은 차갑고
돌처럼 굳어져 있습니다

거죽으로는 양순한 것 같지만
속은 쇠빠진 풀잎처럼
뻣뻣하기 이를 데 없습니다
얼핏 보기에는 겸손한 것 같아도
실제로는 오만불손하며
제 잘난 멋에 살아가는 저희들이옵니다

이러고도 그 나라의 땅을
유업으로 받을 수 있겠습니까?
이 땅의 유산만 눈독들이는 저희들이
천상 본향의 유산을

과연 받을 수 있겠습니까?

오 주님, 온유한 사람에게 약속하신 그 땅은
겸손이 쌓은 공로와 부활로써 변화되고
불사불멸의 영광으로 장식될 몸을 뜻하는 것임을
깨닫게 해 주소서
영구한 평화 속에 그 땅을 차지하여
당신과 함께 그 나라의 영예를 덧입게 하옵소서

'온유한 사람은 복이 있다' 고 강조하시는 주님,
그 나라의 땅을 차지하기 위해서라도
온유한 사람으로 만들어 주소서
성령의 열매를 맺어
온유가 저희 것이 되게 해 주소서
저희들은 기분이 좋을 때만
형제들에게 친절하게 굽니다
마음의 여유가 있을 때만 잘 참아 줍니다
분노할 때 분노하고
분노하지 말아야 할 때에는

분노하지 않는 것이
온유함인 줄 알면서도
저희들은 불의 앞에서 당당히 나서지 못하고
오히려 타협하며 비굴한 모습으로
강자들에게 굴복하고 맙니다
비둘기 같이 온유해야
늑대의 무리 가운데서도
그들의 밥이 되지 않는 것을
모르는 어리석은 자들입니다
모욕을 주거나 올무를 놓는 자들에 대한
복수심에 떨어지지 않도록
유순함을 지니게 해 주소서
폭력을 폭력으로써가 아니라
온유함으로 이기게 해 주소서
슬기를 동반한 온유함을 허락해 주셔서
마침내 그 땅을 차지하게 해 주소서   † 아멘

4월
April
10일

♣ 네가 생명의 나라로 들어가려거든
계명을 지켜라. (마 19:16-22)

생명이란 말씀만 들어도

생명의 나라로 초대하시는 주님,
거기에 저희가 있을 곳이 있다고요?
영원한 생명을 약속하시는 주님,
그 곳은 영생의 숨결만 충만하다고요?
오 주님,
생명이란 말씀만 들어도 가슴 설렙니다
영원이란 낱말만 생각해도 기쁩니다
그 영생을 얻게 해 주십시오

희망의 나라로 손짓하시는 주님,
거기에 저희의 일이 있다고요?

새 하늘 새 땅을 약속하시는 주님,
그 곳은 빛과 사랑만 가득하다고요?
오 주님,
희망이란 말만 들어도 흐뭇합니다
새 하늘이란 어휘만 떠올려도 행복합니다
그 나라를 여기서 살게 해 주십시오

이 땅을 하늘로 만드시마는 주님,
당신이 계시면 땅이 하늘이 됩니다
당신없이 무슨 위로가 있겠습니까?
당신밖에 믿을 것이 무엇 있겠습니까?
당신 외에 무엇을 의지하겠습니까?

당신을 떠나 부자되기보다
당신 안에 가난하기를 원합니다
당신 떠나 땅을 차지하기보다
당신만 소유하기를 원합니다
당신과의 사랑의 관계 속에서
영원한 생명을 누리고 싶습니다   †아멘

4월 April 11일

♣ 하나님의 지혜와 지식은 어찌 그리 깊고 깊으십니까? (롬 11:25-35)

오! 경탄, 경탄

마음 깊은 곳으로부터
강력한 회심의 의지를 일으키시는 하나님,
당신 사랑의 신비를 음미하며 통곡합니다
성경을 펴 놓은 채로
오열을 터뜨립니다
살아가면서 감탄할 일도 많고
측량할 수 없는 신비도 많아서
경탄의 입을 다물 수가 없습니다
당신의 심오한 신비를 바라보며
인간의 왜소함을 느낍니다
아무리 해도 알아들을 수 없는 것은

당신의 구원경륜이요,
풍요로운 자비와 사랑입니다
오, 당신의 크신 부요를 경탄합니다

자비하신 하나님,
당신께서 이스라엘의 불순종을 허락하신 것은
절망 상태로부터 구원을 갈망하게 하시고
당신께서 주시는 구원을
감사로 받아들이도록 하시기 위함이셨습니다
이 목적을 위해서
이방인을 위해서는 이스라엘을 도구로 쓰셨고
이스라엘을 위해서는 이방인을 도구로

사용하셨습니다
구원의 전체성, 전인류를 향한
당신의 구속 역사를 나타내셨습니다
당신의 구속사적 활동의
오묘한 신비를 찬양합니다

지혜의 원천이신 하나님,
당신은 능력이시고 사랑이시며
지혜이십니다
그러므로 저희는 희망을 품습니다
설령 지금 파도에 휩쓸린다 하더라도
당신께서 준비해 놓으시고
저희가 바라는 아름다운 항구에
마침내는 도착할 것을 믿습니다
당신의 풍요와 지혜와 지식의 깊이에
경탄, 경탄합니다
모든 것이 당신께로부터 나오고
당신으로 말미암고
당신을 위해 있다는 것을

철석같이 믿습니다
그러므로 당신께서 인간의 마음을 완고하게 하실 때는
영구적인 것이 아님을 믿습니다
유대인의 마음을 완고하게 하신 것은
이방인들에게 길을 열어 주기 위함이셨으니
그 목적이 이루어지면
유대인들의 굳은 마음도
다시 부드럽게 될 것입니다
다른 이들이 회개하며
당신께로 돌아서는 것을 보고
우리가 회개할 수 있도록
시련에서 오는 시험에 그냥 내버려 두실 때

당신의 사랑을 느끼게 해 주십시오
당신께서 한번 주신 선물이나
선택의 은총은
다시 거두어 가시지 않으심을 믿습니다

하나님,
당신은 원인을 소멸시키시지 않으므로
주신 선물이나 은총은
영속성을 띱니다
복음의 견지와 선택의 견지의 신비를
알아듣게 해 주셔서
당분간은 유대인의 불순종으로

이방인들이 예수를 받아들이고 자비를 얻었지만
언젠가는 유대인들도 동참하리라 믿은 바울처럼,
사랑받는 백성으로서 선택받은 견지를
당신께서 계속 세워 주시고 지켜 주심을
놀라운 사랑으로 받아들이게 해 주십시오

경탄을 불러일으키시는 하나님,
때로 불순종은
당신이 긍휼을 베푸시는 동기로도 쓰시는 것을
종종 보게 됩니다
그렇습니다
아무도 구원받을 자격이 없습니다
만일 유대인들이
당신의 뜻에 온전히 순종했다면
자기들이 구원받을 공로가 있고
구원을 성취했노라고
권리를 주장했을 것입니다
그러나 당신께서는
그들을 불순종 가운데 몰아넣으셔서

장차 구원이 올 때
스스로 성취한 것이라고 자랑하지 못하게 하시며,
당신이 자비로 주신 선물임을
깨우쳐 주시려고 했습니다
당신께서 베푸시는 자비에 힘입어서만
구원에 이르는 것임을
확실히 깨닫게 해 주십시오

모든 것의 근원이시며 목표이신 하나님,

당신의 목적은 좌절될 수 없으며
아직은 미완성된 사랑의 추적이지만
당신께서 사랑으로 완성시키실 것임을 확신합니다
당신은 선택의 완전성과 계획의 일관성을
결코 포기하지 않는 분이심을 믿습니다
죄가 은총이 되게 하시는 당신 사랑 앞에
목놓아 웁니다
일단 구원의 명단에 올려 놓으신 자녀라면
끝까지 기다리고 계시며
당신의 첫사랑을 관철시키신다는 사실을
알아듣게 해 주십시오
오, 경탄, 경탄,
하나님 당신의 깊으신 풍요를 경탄합니다
☦ 아멘

4월
April
12일

♣ 주님, 주께 지은 우리의 죄가 매우 많습니다. 우리의 죄가 우리를 고발합니다. 우리가 지은 죄를 우리가 발뺌할 수 없으며, 우리의 죄를 우리가 잘 압니다. (사 59:12-14)

어찌 제 죄를 모른다 하겠습니까?

하나님, 저희는 너무 죄가 많습니다
이사야 예언자가
인간이 당신께 저지르는 악 네 가지와
인간끼리 저지르는 악 네 가지를
일깨워 주고 있지 않아도
저희는 저희의 죄가 얼마나 많은지
잘 압니다
제 자신의 죄가 저를 고발하기 전에
제가 지금 제단 앞으로 뛰어나왔습니다
당신 앞에 엎드렸습니다

제가 어찌 제 죄를 모른다 하겠습니까?

제 죄를 고백하오니 귀여겨 들으시고
용서해 주시옵소서
저는 부모 그리고 스승
선배의 말을 자주 어기며 살아왔습니다
한두 번 어길 때는 겁이 났었지만
너무 여러 번 거역하다 보니
그 죄가 대수롭지 않게 생각되었습니다
믿음과 의리를 저버리고
마음을 돌려 버렸습니다
배신죄를 지었습니다
융통성 없는 저의 고지식 때문이었습니다
제 의견만 내세우다 마음이 경직되었습니다
제 판단의 기준을 바꾸지 않았습니다
속마음은 그대로인 채
겉모양만 바꿨습니다
생긴 틀을 부수려는 모험심이 없었습니다
양심이 둔화되어 죄에 대해 무감각했습니다

너무도 뻔뻔스러워졌습니다
자신을 쉽게 용서하며
과거라는 낡은 형식의 노예가 되었습니다
제 죄를 용서해 주시옵소서

하나님,
당신을 외면하고 따르지 않았습니다
당신 얼굴에서 나오는 빛을 거부했습니다
당신을 두려워하지 않았기 때문입니다
당신께 돌아서는 일을 미뤄놓았기 때문입니다
마음이 비틀려
비꼬는 말, 반항하는 말만 했습니다
감사할 줄 몰라 불평과 분노가 가득했습니다
다른 사람의 말을 순수하게 받아들이지 못했습니다
속마음과는 전혀 다른 말을 함으로써
외식적 행위에 가담했습니다
자신을 좋은 사람으로 보이게 하기 위해서
하얀 거짓말을 했습니다
제 죄를 용서해 주시옵소서

하나님,
인간의 마음은 간사하여
아무리 공평하게 하려 해도
불공평이라는 죄를 저지르게 마련입니다
당신을 배반한 다음에는
당신 없는 삶을 살게 되며
현실과 타협하고 대중과 야합하면서
불의를 저지르게 됩니다
모든 것이 형식적으로 됩니다
불공평, 불의,
그리고 불성실과 부정직을 일삼은 저입니다
제 죄를 용서해 주시옵소서 † 아멘

4월 April 13일

♣ 또 어떤 이들은 고문을 당하면서도, 더 좋은 부활의 삶을 얻고자 하여, 구태여 놓여나기를 바라지 않았습니다. (히 11:32-38)

죽어야 산다

주님,
믿음 없는 저희이옵니다
반짝신앙이옵니다
충격적이고 거창한 일이나 일어나야
믿음에 불이 조금 당겨지는 듯하다가
금세 사그라들고 맙니다
형제들에게 본이 되기는커녕,
저희 자신에게도 부끄러운 믿음으로 살았습니다
무엇을 피해야 하고
무엇을 해야 할지 모릅니다
저희의 죄를 사해 주시옵소서

주님,
저희는 자신의 생각에
애오라지 사로잡혀
애념의 죄를 짓습니다
세상에 너무 고착되어
애집의 죄를 짓습니다
가시적 복, 그리고 물질에 집착하여
애착의 죄를 짓습니다

참 믿음을 보셔야 인정하시는 주님,
과연 이 세상에 올바른 믿음을 가진 자가 있습니까?
사라져가는 세상을 붙들지 않고
영원한 나라를 애모하여
온갖 환난과 핍박에도 굴종치 않으며
이 세상 끝날까지 믿음을 지킬 수 있는
참된 믿음의 소유자를 찾아볼 수 있습니까?
당신 나라에 온전한 소망을 두고
고난을 인내하며
당신의 부활능력으로 살아가는

참 믿음의 소유자가 여기 있습니까?
오, 주님,
불신이 만연한 이 세상 속에서도
믿음에서 비롯되는 능력으로
살 수 있게 해 주옵소서

참 생명을 누리기 위해서는
반드시 죽음을 거쳐
삶으로 나와야 한다고 하시는 주님,
거기에서 더 나은 생명을 누리려고
여기에서는 죽음을 자원하라 하시는데
그 말씀을 이해하지 못하여
저희는 죽지 않으려고만 발버둥칩니다

죽어야만 얻는 생명,
완전히 죽어야만 누리는 영원한 생명을
바로 깨닫게 해 주옵소서
믿음의 조상들이 통과했던
그 고난의 동굴을 거치게 해 주옵소서

그 옛날 사막으로 광야로 떠돌며
기도에만 전념했던 믿음의 선조들을
오히려 비웃는 저희들입니다
아직도 가난과 고난을 자원하며
사막으로 떠나는 사람도 있는데,
저희는 단식과 절제와 기도는커녕
편하고 쉽게 믿고 은혜만 받으려 합니다

오, 주님,
죄 많은 저희에게 자비를 베풀어 주시고
극기 절제하며 사막으로 떠났던
교부들의 부활신앙을
저희도 본받게 해 주옵소서 †아멘

4월
April
14일

♣ 그래서 그는 "보십시오, 하늘이 열려 있고, 하나님의 오른쪽에 인자가 서 계신 것이 보입니다." 하고 말하였다. (행 7:54-60)

봄 꽃잎을 간질이며

주님,
만산에 아름다운 꽃들을 피어나게 하시고
넘치는 생명력으로
새싹들을 주물러 주심을 감사합니다
봄비가 연거푸 내려
이제 누가 보아도 완연한 봄입니다
봄비는 꽃잎을 간지럽힐 뿐,
꽃잎을 상하게 할 생각은 없었습니다
그러나 연한 꽃이파리는 찢어져서
상처를 입었습니다
그러나 그 고통을 내색하지 않은 채

햇볕을 받으며 웃고 있습니다
찢어진 꽃잎은 순교의 표징이 되었습니다
그러나 아직 당신은 십자가의 길을 걷고 계시고
저희들도 덩달아 그 길을 따라가고 있습니다

저희를 위해 사랑과 생명의 사다리를
천국까지 세워 주신 주님,
그것을 통해서 부활신앙을 키워가고 있는
모든 그리스도인들을
천국으로 오를 수 있게 하셨습니다
하나님께 대한 사랑으로 말미암아
유대인들의 포악에 굴복하지 않으며
이웃을 향한 사랑으로 말미암아
자기를 돌로 치는 사람들을 위해 기도한
스데반의 사랑을 본받게 해 주소서
하늘이 열리는 것을 본 스데반은
그 하늘로 들어갔습니다
저희도 열린 하늘을 보며
언젠가는 하늘나라로 들어가게 해 주소서

성령으로 가득 차서 하늘을 우러러본 스데반에게
하나님의 영광이 보였듯이,
저희도 충만한 사랑 안에서
성부와 성자를 볼 수 있게 해 주소서
순교자들이 피를 흘리기까지
부활신앙을 고백한 것처럼
저희도 확고한 신앙을 가지고
끝까지 승리하게 해 주소서

스데반의 순교를 통하여
참 신앙을 갖도록 하시는 주님,

당신께서 성부께
영혼을 받아 주십사 한 것처럼,
스데반은 자신의 영혼을
당신께 맡겼습니다
자신을 돌로 친 사람들을
용서해 달라는 마지막 기도는
당신께서 십자가 위에서
성부께 하신 기도와 같았습니다
무한한 용서와 사랑으로
기꺼이 죽음을 받아들인 스데반에게
승리의 월계관이 기다리고 있었음을 깨달아
저희도 십자가를 받아들임으로써,
일생의 고통을 견딜 수 있는 신앙을 주시고
당신을 위해 죽고
당신을 위해 살게 해 주소서   † 아멘

4월 April 15일

♣ 그러나 필요한 일은 하나뿐이다. 마리아는 좋은 몫을 택하였다. 그러니 그는 그것을 빼앗기지 않을 것이다. (눅 10:38-42)

필요한 일은 하나뿐

주님,
저는 어렸을 때부터
제 몫을 잘 챙기지 못하는
어릿어릿한 쑥맥이었습니다
어머니께서 맛있는 음식물을
한 몫씩 나누어 주셔도
빨리 먹는 사람에게 빼앗기거나
너무 많아 나누어 주거나
이튿날 먹으려고 두었다가
절반도 차지하지 못하곤 했습니다
저는 아무리 생각해도

너무 승부욕이 없습니다
싸울 줄도 모르고
싸워서 이겨야 한다는 의지도 없으며
싸우기도 싫어합니다
세상을 살아가면서
반드시 쟁취해야 할 것들을
다 놓친 채
남들이 차지하거나 버린 것들을 주워 가며
제 몫으로 삼았습니다

고마우신 주님,
그러나 당신은 제 몫을 따로 떼어 놓으셨다가
많은 세월이 지난 후에
저에게 퍼부어 주셨습니다
도저히 감당할 수 없는 당신의 선물,
그것은 이전에 이미 저에게 주셨는데
제가 차지하지 못한 제 몫이었습니다
길가에 흘려 버리고
기억에서 없애 버린 그것들을

잊지 않으시고 모아서
제게 다시 선물로 주심을 감사드립니다
이제 저는 그것을 저의 몫으로 택했습니다
이제는 그것이 필요한 일이며
필요한 일은 하나뿐임을 알았습니다
다시는 그것을 빼앗기지 않을 것입니다
'당신의 말씀이란 참 좋은 몫' 말입니다

주님, 생명 자체이신 주님,
육체적 배고픔을 해결해 줄 빵보다는
영혼을 채워 주는 생명양식인 말씀이
더 소중하고 귀한 것을 깨달았습니다
세상의 많은 일로 염려하며 들떠 있던 저는
이제 당신의 발치에 앉아서
끊임없이 흘러나오는 당신의 말씀을
듣는 일에만 열중하렵니다
가장 필요한 한 가지,
참 좋은 몫을 제 것으로 삼으렵니다
사람이 되신 말씀은 곧 당신이시기에

저는 말씀 없이는 살 수 없기 때문입니다
말씀이신 당신께서
저와 함께 하시지 않는 삶이란
허무일 뿐이기 때문입니다

말씀이신 주님,
당신 말씀을 바르게 받아들이는 자에게는
능력이 되는 말씀을 주시니 감사합니다
당신 말씀을 붙들고 있는 동안엔
제 안에서 능력이 넘쳐 흐릅니다
그 말씀은 제 인생길을 비추는 등불이요,
죄에서 돌이키게 하는 빛이며,
위를 바라보게 하는 빛입니다
당신 말씀은 성령께 잡히게 해 주시는
단 하나의 길입니다
말씀은 곧 성장의 촉진제입니다
소리를 따라가다가는
저는 초췌한 영혼이 되어 버립니다
그러므로 말씀 안에서 자라며

말씀 안에서 치료받습니다
당신 말씀은 고약이 되고 붕대가 됩니다

사랑하는 주님,
말씀은 위험수위 조절능력입니다
분노나 격정의 위험수위를
조절해 줄 수 있는 능력은
오직 당신 말씀밖에 없습니다
지진의 진동을 미리 알아보는
지진측정기처럼
당신 말씀은
어떤 감정도 요동하지 못하게 해 줍니다
말씀은 곧 하나님이 되게 하는 길이므로
그 말씀은 저에게 꼭 필요한 한 가지입니다
날마다 믿음에 불을 붙여 주는 쏘시개입니다
죽어도 살리며
살아서도 죽지 않게 하는 말씀,
그 말씀을 듣기 위해
하던 일을 멈추고

조용히 당신 앞에 앉습니다
조금 전까지 부대꼈던
모든 것들을 침묵시킵니다
이성과 감각을 잠재웁니다
깨어서 온 존재를 다하여 경청합니다
그 말씀이 제게 어떻게 적용되는지
깨달으려고 노력합니다
그 깨달음을 삶 속에 육화시키려고 발버둥칩니다
이 좋은 몫을 빼앗을 자 누구이겠습니까!

주님,
이 필요한 일 하나,
참 좋은 몫을 영원까지
붙들고 가겠습니다 † 아멘

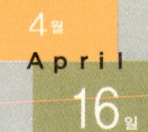

♣ 베드로가 예수께 말하였다.
"내가 선생님과 함께 죽는 한이
있을지라도, 절대로 선생님을 모른다고
하지 않겠습니다." (마 26:31-35)

모든 사람이 주님을 버릴지라도

사람의 마음 속을 꿰뚫어 보시는 주님,
저는 베드로를 생각할 때마다
그의 솔직함과 담대함에 혀를 내두릅니다
생각없이 말하고
따져보지 않고 행동하는
그의 단점에도 불구하고,
몸을 사리지 않는 정열과
단순한 우직함이 멋져 보입니다
저는 성격상 장담을 하지 않습니다
겸손해서가 아니라 기회주의자여서 그렇습니다
오랫동안 관찰하고 사귀어 본 후에야

속마음을 털어놓는 사람입니다
그러나 이런 저도 인생을 살아오면서
한두 번 장담한 기억이 있고
그 호언장담은 물론 지켜지지 못했습니다
부끄러운 옛날을 돌아보며
가슴을 치고 회개합니다
장담한 대로 상황이 전개되지 못해서
거짓말쟁이나 허풍쟁이가 되어 버린다면
얼마나 자신의 몰골이 초라하며
부끄러워질까요?
당신의 말씀마따나

'예' 할 것은 '예' 라고만 하고
'아니오' 라고 할 것은 '아니오' 라고만 하도록
결정적인 말을 하지 않게 해 주시옵소서

주님,
그러나 베드로의 장담의 근본을 파고들며
저희도 언젠가는 그렇게
실수를 할 수가 있다는 것을
알아차립니다
자신을 지나치게 믿을 때
자기만은 변하지 않는다고 확신할 때
저희가 짓는 죄를 살펴보게 해 주소서
우월감이 발동될 때
저희는 말을 절제하지 못합니다
자기만은 누구 곁에 남아 있을 것이라는 자신감을
갖지 않게 해 주소서

저희의 마음을 다 아시는 주님,
저희가 큰소리치지 않도록

언제나 입술을 지켜 주소서
모두 아무 대답도 하지 못하고 있을 때
참을성 없는 베드로가 침묵을 깨고 나서듯,
저희도 실현 불가능의 일을
발설할 수 있음을 압니다
혈기와 의협심이 강한 자일수록
소영웅주의에 빠져
심사숙고하지 않고 우선 말부터 하고 마는
죄를 저지를 수 있음을 알게 하옵소서
저희는 은근히
다른 사람의 배반에 대한 가능성을
암시합니다
그들과 비교하여 자신만큼은
다른 사람임을 주장합니다
당신께 대한 사랑과 충정에서 우러나온
진실한 고백임에 틀림없어도
인간은 약하며
은총 없이는 언제라도
신앙의 절개를 지킬 수 없음을

깨닫게 해 주옵소서

용서의 주님,
분명히 당신께서는 베드로에게
부인하리라 예고하셨는데도
그가 다시 장담한 것을 보며
아연실색합니다
결정어를 통한 표현의 과장이 드러납니다
당신의 예언을 완강히 거부합니다
당신이 잘못 짚으셨다고 말하는 것입니다
죽으면 죽었지
모른다고는 하지 않겠다는 장담입니다
자기 자신을 잘 안다는 착각의 결과입니다
행여 저에게서도
그런 일이 일어날까 걱정됩니다
인간이 위기상황에 부딪쳤을 때
어떤 방식으로 대응하는지
알지 못할 때가 많습니다
당신의 죽음이

자신의 구원과 관계가 있다는 것도
모르는 상태에서 함부로 말을 한 베드로는
바로 제 자신의 모습입니다

주님, 사랑의 주님,
행동보다 말이 앞서는 성격이
노출된 것을 봅니다
일단 말부터 하고 보는
급하고 과격한 성격은
언제나 죄를 저지를 불씨를 안고 있습니다
혀를 조절하지 못하여 실언하고
감정제어를 하지 못해서
함부로 짓는 죄가 얼마나 많은지요!
무책임한 발언을 함으로써
형제에게 상처를 주고
자신은 신뢰를 잃어버린 사람으로
전락되는 일이 얼마나 잦은지요!
베드로의 발언을 통하여
제 자신을 바라보며 한탄합니다

저는 제 안에 베드로성을 지니고 있습니다
자기자랑, 자기착각, 자기과신……
이것들을 버리지 않는 한,
계속해서 베드로처럼 장담하며
당신을 부인하는 인생을 살 수밖에 없습니다

주님,
불쌍히 여기셔서
형제를 부인하거나 배신하는
추악한 자리로 떨어지지 않도록
도와 주옵소서
그리하여 모든 사람이 당신을 버릴지라도
저는 결코 버리지 않을 확신이 서더라도
침묵을 지키며 말없이
당신을 따르게 하옵소서   † 아멘

4월
April
17일

♣ 주께서 돌아서서 베드로를 똑바로 보셨다. 베드로는 주께서 자기에게 "오늘 닭이 울기 전에, 네가 나를 세 번 모른다고 할 것이다." 하신 그 말씀이 생각나서, 바깥으로 나가서 몹시 울었다. (눅 22:54-65)

당신이 날 보시고, 내가 당신을 보고

주님, 저는 계속해서
베드로에게 집중하고 있습니다
당신께서 베드로를 보신 시선과
베드로가 당신을 바라본 시선이 만나는 장면에
오래 머물러 있습니다
베드로는 당신의 시선을 받자,
당신을 처음 만나 첫사랑을 고백하던 때를
상기한 것 같군요
당신을 따라다니면서 목격했던 수많은 기적을
다시 떠올렸겠죠

당신께 감명 깊게 들었던
여러 가지 말씀을 기억해 냈겠죠
함께 전도하러 다니며
발에 물집이 잡힐 정도로
걷고 또 걸었던 길들 위에서의
낮과 밤을 생각하며 통곡했겠죠
그토록 사랑 받고 즐겁고 행복했던 시간들,
하나님나라를 대망하며
기대했던 아름다운 환상들이
눈앞을 스치고 지나갔겠죠
무엇보다
결국은 스승을 부인한다는 그 말씀이 떠올라
자책감에 사로잡혀 몹시 울었겠지요

예, 주님,
당신께서 저를 보시면
꼼짝없이 그 시선에 휘감깁니다
당신 눈과 마주친다는 것은
얼마나 복된 설레임인지요!

당신과의 눈맞춤, 그것이 관건입니다
저희의 회개가 이뤄지지 않는 까닭은
저희를 똑바로 쳐다보시는 당신과
눈을 마주치지 못하기 때문입니다

주님,
보통사람들은
사건의 실마리를 잡으려고 할 때,
눈독을 들이며 바라봅니다
수상해서 다시 봅니다
어디서 본 듯해서 유심히 봅니다

자신의 기억이 맞는가 확인하려고 봅니다
정체를 알아 보려고 유심히 봅니다
우연히 둘러보다가 눈이 마주칩니다
꼬투리를 잡으려고 봅니다
남이 보고 말을 하니까 자기도 봅니다
뭔가 감추는 듯해서 샅샅이 살핍니다
그러나 당신은 다르게 보십니다
당신의 사랑과 연민에 가득찬 눈길은
저희의 인생을 바꿔 놓습니다
주님,
그 사랑의 눈길에
휘말리고 싶습니다

주님,
당신은 전체를 보시고 난 후 각각을 보십니다
사람을 보신 후 상황에 끼워 맞추십니다
당신의 시선은 초연하고 침착하며 이성적입니다
그러므로 당신의 눈길은
예리하고 정확합니다

각 사람의 표정 그리고 각각의 관계에서 오는
미묘한 정황까지도 통찰하십니다
당신의 눈길에 잡히고 나면
제가 누구인지 모조리 드러납니다
당신의 시선은 무언의 웅변입니다

말씀하시는 눈길을 받으면
길을 바꾸지 않을 수 없습니다
회개하라고 호소하는 눈길이기 때문입니다
단 한 번의 시선, 눈물 가득히,
잔잔한 미소로, 진지한 눈빛으로,
죄를 상기시켜 주시는
단 하나의 눈길이면 족합니다
당신은 당신의 말씀이나
성부의 말씀을 연상시켜 주십니다
강렬한 눈길 때문에
모든 말씀이 다시 떠오릅니다
졸고 있다가도
당신의 눈길과 마주치면

갑자기 깨어나 정신을 차리게 됩니다
혼미와 무질서의 어둠 속에서도
갑자기 한 줄기의 빛을 만납니다
그래서 벌떡 일어나 할 일을 찾게 됩니다
그 눈길을 받게 해 주옵소서

진리로 회귀하라시는 주님,
분주한 생각으로 허망한 것을 좇아가다가도
당신의 시선이 와 닿을 때
꼼짝없이 진리로 돌아서게 됩니다
지금까지 행했던 그릇된 것들을
한 순간에 다 버리고
당신 앞에 무릎꿇게 됩니다
본래의 삶의 자리로 돌아가게 됩니다
그리하여 저희의 생은
생동감 넘치고 생명력 충만해집니다
사랑에 말려들어가는 시선,
당신의 눈길은
가장 작은 것 앞에서

가장 큰 관심을 주시는
뜨거운 시선입니다
당신은 지금도 저를 바라보고 계십니다
당신이 저를 보시고 제가 당신을 보니
저는 행복하기 그지없습니다
평생토록 눈 마주침의 사랑을
지속하게 하옵소서 †아멘

4월
April
18일

♣ 그리고 앞뒤에서 따르는 사람들이 모두 환성을 올렸다. "호산나, 다윗의 자손! 주의 이름으로 오시는 이여, 찬미 받으소서. 지극히 높은 하늘에서도 호산나!" (마 21:1-11)

갈채 뒤에 배신을 숨기다니

"주의 이름으로 오시는 이여,
찬미 받으소서
지극히 높은 하늘에서도 호산나!"
모두들 종려나무 가지를 흔들며
환성을 질렀습니다
당신은 스스로 메시아이심을 선언하셨습니다
처음엔 숨기셨고 비밀을 지키라 하셨으나
이제 무리 앞에 당신 자신을 드러내 보이십니다
말 대신 나귀를 타시고,
창검 대신 종려가지를 흔들며,
나팔소리 대신 아이들의 노래로

예루살렘에 입성하십니다
당신은 왕 중의 왕, 평화의 왕이십니다
사랑의 왕이시며, 마음의 왕이십니다
호산나, 지금 우리를 구원하소서

오 주님,
당신의 용기를 따를 자 없습니다
비록 군중들은 당신을 환영하지만
종교지도자들은 당신을 미워하여
호시탐탐 당신을 잡을 기회만 노리고 있는데도
사람들의 눈을 피하여
밤을 틈타지 않으시고
공공연히 대낮에
모두가 보는 앞에서
정정당당하게 입성하십니다
자유와 해방을 선사하시기 위해
구원과 사랑을 베풀어 주시기 위해
당신은 죽음을 무릅쓰고 등장하십니다
당신을 한낱 예언자로밖에 알지 못하는

저들의 무지를 탓하지 않으시고
침묵 속에 입성하십니다

호산나! 호산나!
세상 만물의 주인이시며
왕 중의 왕이신 주님,
당신 앞에 무릎꿇고 순복하오니
천상의 권위를 떨치소서
당신은 정치적 해방자가 아니라
참된 평화와 구원을 선사하는
겸손하신 평화의 왕이시라는
참 의미를 깨닫게 해 주소서
갈채 뒤에 배신을 숨기지 말게 하시고
환호 뒤에 분노를 터뜨리지 말게 하소서
기적의 능력만 구하는 신앙의 치기에서
벗어나게 하옵소서
자아를 뛰어넘고
현세를 이탈하는 믿음으로 오직 한 분,
당신만을 주님으로 모시게 하옵소서

주님, 주님,
당신의 제자들은
당신께서 이루신 기적을 보고
환호성을 지르고 또 질렀습니다
저희는 그 무렵의 기적을 보지 않고도
목청껏 소리 높여 당신을 찬양합니다
만일 기쁨의 갈채를 드리지 않는다면
돌들이 소리지를 것입니다
앞산 뒷산, 작은 언덕
샛길 산길, 높은 언덕에 놓여 있는
크고 작은 돌들이 아우성칠 것입니다
호산나! 호산나!

주님, 오 주님,
당신을 아직 모르는 자들도
저희의 환성을 듣고
모두 호산나를 부르게 하도록 하고 싶습니다
우리 죄의 비참함을 초극하시고
우리와 함께 사시며
우리를 아버지께로 인도해 주신
당신을 찬양하도록 하고 싶습니다
숭고한 사랑 때문에,
죄인들의 구원 때문에,
십자가의 죽음으로
아버지의 자비와 사랑을
나타내시기 위하여
예루살렘으로 입성하시는 당신을 생각하며
눈물흘립니다
우리를 대신하여 죽으심으로써
우리 스스로 가질 수 없는 그 생명을
넘치도록 주시기 위하여,
지금은 고난 당하실 수밖에 없는

당신 앞에 엎드려 통곡합니다
고난으로 바싹 다가서시는 당신께 달려가
당신을 맞아들이고 싶습니다
오, 우리의 구세주시여,
우리의 찬양을 받으소서 †아멘

4월
April
19일

♣ 북풍아, 일어라. 남풍아, 불어라.
　　　　　나의 동산으로 불어오너라.
　그 향기 풍겨라. (아 4:16)

흩날리는 머리카락 사이사이

사랑하는 님, 나의 주님,
다시 바람을 몰아 오시려고요?
저 무서운 평야에서 겨우내 북풍이 불어와
동산의 여린 나무들을 다 쓰러뜨렸지요
창 안에서 나무들이
바람의 횡포 때문에 병든 것을 보았어요
안 꺾이려고 발버둥하고 있었어요
아름드리 고목들도
마구 휘청거리던 걸요
오동나무 가지들은 수없이 부러졌어요
집채를 흔들어 대던 태풍,

그 녀석 때문에
숲 속의 나무들이
모두 함성을 질렀어요
그 겨울바람은 이제 가 버린 것이겠죠?

사랑하는 주님, 나의 님이시여,
이젠 훈풍이 올 계절 아닌가요?
순한 남풍을 주시지 않으실래요?
남향집 처마 끝에 둥지 튼
갖가지 산새들의 환심을 사는
보드라운 바람을 보내시지 않으시겠어요?
꽃 향기 풍겨 오도록
동산으로 불어 오게 해 주세요
그리고 당신도 빨리 오세요
이제 저는 창 안에 갇혀 있기는 싫어요
문 밖으로 나가고 싶어요
바람 때문에 감기 덧칠까
꽁꽁 둘렀던 목도리를 풀겠어요
바람에 흩날리는 아카시아 꽃잎을 입에 물고

춤을 추겠어요
물 오른 버들가지로 피리를 만들어
이별의 노래를 불겠어요
당신은 이제 곧 동산을 떠나셔야 하니까요

나의 주님, 사랑하는 님이시여,
마파람을 안고서
기도하시는 당신을 엿보고 싶어요
이렇게 따뜻한 봄날도
땀을 비오듯 흘리시며 기도하시는
당신의 등허리에 바람이 모여 있겠군요

"자, 일어나 가자." 하시며
동산을 떠나시기 전,
저도 당신 옆에 앉아
당신의 고난의 잔을 바라보며
함께 기도하고 싶어요
흩날리는 당신의 머리카락 사이사이
풍기는 당신의 향기를 맡고 싶어요
사흘만 떠나 계실 거죠?
사흘 후엔 다시 제 곁으로 오시는 거죠?
눈 빠지게 기다릴게요,
당신이 돌아오실 그 날을
당신 손에 들린 영광의 잔을
바람을 재운 승리의 해를 †아멘

4월 April 20일

♣ 예수께서 그들에게 말씀하셨다.
"내가 고난을 당하기 전에, 너희와 함께 이 유월절 음식을 먹기를 참으로 간절히 바랐다." (눅 22:12-19)

나는 없으나 있고

주님,
당신이 당하실 죽음을 내다보시며
비장한 각오로 제자들과 함께
유월절 음식을 나누셨지요

최후의 만찬석상에서 빵과 포도주를 나누며
상징을 통하여 실재로 건너기를 바라셨지요
스스로 '생명의 빵'이라고 말씀하셨으나
아무도 그 뜻을 이해하지 못했죠
빵은 일용할 양식이요,
몸은 영혼의 그릇 정도로만

알고 있었지요
오 주님,
그 빵은 찢기신 당신의 몸이며
그 몸은 저희를 위하여 내어 주시는 몸임을
알게 해 주소서

주님,
당신께서는 죄인들의 가치를 따지지 않으시고
몸을 내어 주셨습니다
구원의 은혜와 고마움도 모르는
배은망덕한 저를 위하여
그 고귀하신 몸을 떼어 주셨습니다
무슨 물건 하나 빌려 주는 것처럼
그렇게 가볍게 내어 주셨습니다
성부의 명령이 떨어지기가 무섭게
지체하지 않고 순종하셨습니다
그 소중한 몸을 아까워하거나
억울해하지도 않으셨습니다
당신 전부를 내어 놓으신 것입니다

당신의 것을 온전히 포기하셨습니다
오 주님,
내어 주심의 의미를
깨닫게 해 주소서

당신께서 몸을 내어 주시는
사랑의 행위 속에서
하나의 사랑의 원칙을 발견합니다
"나는 없다. 그러나 나는 있다."
당신의 몸은 이미 제게 와 있기 때문에
당신은 없으십니다
그러나 제 안에 당신이 계시므로
당신은 존재하십니다
사랑이 있는 곳에 현존하시는
당신을 내어 주는 몸을 통해서
당신은 순간마다 호소하고 계십니다
그렇습니다
당신은 없어지셨지만
당신은 계십니다

사랑의 원칙대로 살기를 원하시는 주님,
당신은 이렇게 말씀하십니다
"나는 내어 준 것이 없다.
그러나 너는 이미 받았다."
'내어 줌'의 사랑은
이미 당신에게서 떠나고 없기 때문에,
줌 자체를 잊어버리셨습니다
그러나 저를 바라보실 때
거기에서 사랑의 생명력을 느끼십니다
그러므로 받은 자 안에서 드러나는
주신 분의 사랑이 빛납니다

내어 준 것을 다시 찾지 않으시므로
영원히 내어 줌의 사랑은 제 것이 됩니다
당신은 죽으셨지만
저는 당신 사랑을 먹었기에
다시 살아납니다
유한에서 무한으로
소멸에서 생성으로
죽음에서 생명으로 건너갑니다

당신을 먹고 사랑이 되기를 원하시는 주님,
당신은 또 이렇게 말씀하십니다

"내어 주면 줄수록
자꾸 내어 준 몸이 생긴다."
"내가 내어 준 사랑을 가진 너만 존재한다면
더 바랄 나위 없다."고 말씀하십니다
당신은 십자가에서
단 한 번 저를 위하여 몸을 내어 주셨지만
날마다 말씀으로, 성만찬의 빵으로
당신을 내어 주십니다
더 내어 주실 것이 없는 그 몸을
자꾸자꾸 내어 주십니다
당신은 없어지시고 저만 남아 있습니다
내어 주신 몸을 입고
제가 자라고 있습니다
이 사랑의 원칙을 살아 내게 해 주옵소서
계속 내어 주고 계셔도
없어지지 않는 당신 몸의 신비를 묵상하며
당신의 몸을 모시게 해 주옵소서　†아멘

4월 April 21일

♣ 그대의 동산에서는 석류와 온갖 맛있는 과일, 고벨꽃과 나도풀, 나도풀과 번홍꽃, 창포와 계수나무 같은 온갖 향나무, 몰약과 침향 같은 온갖 귀한 향료가 나는구나. (아 4:12-15)

꽃들도 눈물 흘려요

주님, 나의 주님,
당신의 십자가에 꽃이 피었어요
한참 울다가 올려다보니,
나무 십자가에 예쁜 꽃이 달렸어요
소스라치게 놀라
눈물방울 모두 훔쳐 내고
다시금 올려다보니,
꽃이 온데 간데 없어졌어요
제 눈에 매달린 눈물이
등불 켜는 기름인 줄 알았는데
꽃을 피우게 하는 씨앗이었나 봐요

얼마쯤 회개기도한 후
또 다시 십자가를 보니,
이번엔 탐스런 열매가 달렸어요
눈물 세 방울 모조리 닦고 보니,
그 열매 사라져 버렸어요
아, 이제 알겠어요
눈물이 꽃을 만들어요
눈물이 열매를 맺게 해요
그래서 우는 자가 복이 있다고 하셨나 보죠?

주님, 나의 주님,
저희 집 정원에 꽃이 피었어요
목련꽃, 라일락꽃, 사과꽃,
노란 잔디꽃, 붉은 진달래,
이른 장미꽃까지 활짝 피었어요
심술궂은 바람이 훼방하는데도
울긋불긋 차려 입고 패션쇼를 하고 있어요
그러나 노란 잔디꽃들은
고개를 푹 숙이고 있어요

가까이 다가가 보았죠
눈물을 흘리고 있더군요
십자가 모양을 한 참나무 가지를 보며
하염없이 울고 있는 거예요
너무 사랑스러워 한동안 바라보다가
저도 따라 울었어요
아, 이제 알았어요
꽃들은 웃는 줄만 알았더니
울 때도 있군요

주님, 나의 주님,
꽃들이 말하는 것은 자주 들었지요
저도 한때 아파트 베란다에
꽃을 키운 적이 있었거든요
화분의 자리만 조금 옮겨도
재채기를 하고 몸살을 앓더라고요
"사랑해."라고 고백하면,
얼굴을 들고 미소짓더라고요
바쁜 일 때문에 눈길 주지 않으면,

시무룩해서 토라져 있더라고요
아, 그러고보니
전 그동안 바쁘다는 구실로
이 동산에 있는 꽃과 나무들에게
너무 무심했어요

제가 당신과 사람들에게 지은 죄는
줄줄이 아뢰면서도
나무와 꽃들에게 냉정했던 것은
회개하지 않았어요
그 아름다운 자태로
제 마음을 즐겁게 해 주며

그 향기로
제 코를 향긋하게 해 주며
그 열매로
제 입을 만족하게 해 준 것을
고마워하지 않았어요
꽃들에게 사과할 거예요,
머리 한번 쓰다듬어 주지 못한 것을
볼 한 번 꼬집어 주지 못한 것을
등 한 번 두드려 주지 않은 것을

아차! 그럼, 혹시 저 잔디꽃들이
저 때문에 운 것은 아니었을까요, 주님?
꽃들의 눈물을 본 날,
그 속에서 저는 당신의 눈물을 보았지요,
저의 사랑 없음 때문에
흘리고 계신 눈물을 † 아멘

4월 April 22일

♣ "그가 남은 구원하였으나, 자기는 구원하지 못하는구나! 그가 이스라엘 왕이시니, 지금 십자가에서 내려오시라지. 그러면 우리가 그를 믿을 터인데!" (마 27:35-44)

당신은 살리실 수 없었음

믿는 사람에게는
안 되는 일이 없다고 말씀하신 주님,
당신은 믿음 없는 제자들을 보시며
언제까지 성화를 받아야 하겠느냐고 하셨습니다
겨자씨 한 알만한 믿음이 없어서
저희는 죄를 짓고
하루에도 수십 번 당신 곁을 떠납니다
믿어야 기적을 행하시는데
기적을 보여 주셔야 믿겠다고
우겨대는 저희를 용서해 주옵소서
믿는 대로 될 것임을

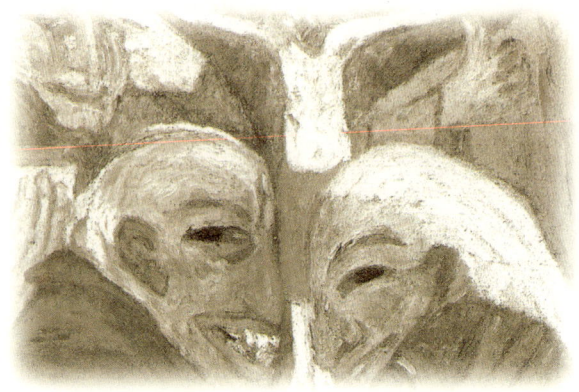

확실히 깨닫게 해 주옵소서
진리의 길을 가르쳐 주실 때 믿어야만
하나님나라에 들어갈 수 있음을
굳게 믿게 해 주옵소서
네 믿음이 장하다고,
네 소원대로 이루어질 것이라고
말씀하신 그 믿음이,
저희 안에서 이뤄지게 해 주시옵소서
죄를 용서받게 할 뿐 아니라
부활로 인도해 주는 그 믿음을 주시옵소서

아 주님,
당신의 전능을 믿는다면서
그 실상을 눈 앞에서 증명해 보여 주십사
떼쓰는 저희를 용서해 주옵소서
성부의 구원계획을 이루시기 위해
십자가에서 죽음을 맞고 계신 당신께
십자가를 내려올 수 있는
능력만 보여준다면
비로소 당신을 믿겠노라고 조롱한
그 당시 종교지도자들의 죄를
저희는 되풀이하지 않게 해 주옵소서

"남은 살리면서 자기는 못 살리는구나."
이런 원수들의 모욕이
당신의 면류관이 되었음을 믿게 해 주시옵소서
인류의 생명을 구원하시기 위하여
당신의 생명을 버리신 참 사랑을 깨달아
남을 살리기 위해
당신은 살리실 수 없었음의 신비를

통찰하게 해 주시옵소서
지나가던 자들까지도 발을 멈추고
모욕에 합세한 그 죄를
저희만은 짓지 말게 해 주시옵소서
죄를 용서받게 할 뿐 아니라
부활로 인도해 줄 믿음을 주시옵소서 † 아멘

4월
April
23일

♣ 예수께 와서는 이미 숨을 거두신 것을 보고, 다리를 꺾지 않았다. 그러나 병사 하나가 창으로 그 옆구리를 찌르니, 곧 피와 물이 흘러나왔다. (요 19:31-34)

나 하나만을 위하여

주님, 오늘은 숨이 탁탁 막힙니다
저 위하여 흘리신 당신의 피를
그냥 넘길 수 없기 때문입니다
그동안 너무 무관심하게
사물과 사람을 대한 저의 죄를
끝없이 고백하고 고백합니다
그 단 한 사람은
당신께서 '위하여 피 흘리신 사람' 임을
까맣게 잊어버린 죄인입니다
당신께서 눈여겨보신 단 한 사람,
그 한 사람 한 사람을

저는 너무 소홀히 했습니다
오늘 하루만이라도
그 하나하나를 생각하게 해 주시고
저 하나만을 위하여
무참하게 피 흘리시고 죽으신
당신의 사랑에 푹 젖게 해 주십시오

저 위하여 고귀한 피를 흘리신 주님,
당신은 이름을 붙일 수도 없고
또 잊어버렸으며
굳이 기억할 필요가 없는
익명의 한 사람을 위해서
피를 흘리신 것이 아닙니다
불러줄 이름이 있으며
그 이름으로 알려져 있으며
그 이름을 날마다 부르시는
실명인 아무개 저 하나를 위하여
피를 흘리셨습니다
구체적으로 오직 저 하나,

다른 사람 아닌 바로 저를 위하여
당신 자신을 송두리째 내어 주셨습니다
눈에 띄는 하나 그 개체인 저를 위하여
당신의 보배로운 피를
흘리셨습니다
오 주님, 그 피값을
치르는 자 되게 해 주십시오

주님,
당신께서 흘리신 피는
단 한 번으로 끝난 것입니다
이 피로 씻김 받지 않으면
당신과 저는 아무 관계가 없습니다
단 한 번의 흘림으로
제 죄가 온전히 소멸되는 신비의 피,
반복성이 아닌 유일회성의 피임을
깨닫게 해 주십시오
죄를 씻고 사하고 구속하는 삼중 축복을
깨닫게 해 주십시오

시늉이나 언어가 아니라 오직 행위인 피,
정당한 이유가 있는 것이 아니라
부당한 죄인을 위하여 흘리신 보혈임을
알아차리게 해 주십시오

당신 사랑의 유혈사건은
새 언약 백성의 책임을 통감하게 해 줍니다
당신 피의 증인으로서의 삶을
결단하게 해 줍니다
당신은 누구의 강요를 받으신 것이 아닙니다
사랑의 자진성을 띠고
아무것도 모르는 저 하나만을 위하여
목숨을 내버리셨습니다
어느 한 군데만 상처를 입으신 것이 아닙니다
채찍으로 맞아 피 흘리시고
창으로 찔려 내출혈 되시고
가시관 때문에 피를 흘리시며
모욕과 조롱과 침뱉음,
그리고 배신의 아픔 때문에

당신의 영혼마저도 콸콸 피를 쏟으셨습니다
당신의 피의 역사가
사랑이라는 새로운 계약을 체결하는 것임을
알게 해 주십시오
저 하나만을 위하여
온 몸이 탈진될 정도로
피를 흘리신 당신을 바라봅니다
오늘 지금 바로 이 순간,
저 하나만을 위하여
피를 쏟고 계신 그리스도를 바라봅니다
주님,
저도 당신을 위하여
피를 흘리면서까지
죄를 피하는 자 되게 해 주십시오 †아멘

4월
April
24일

♣ 그들이 가 보니 무덤을 막았던 돌은 이미 굴러나 있었다. 그래서 그들은 무덤 안으로 들어가 보았으나 주 예수의 시체는 보이지 않았다. (눅 24:1-8)

하오나 눈이 부셔서

생명에너지의 샘이신 주님,
부활하신 당신께서 흩뿌리시는
생명의 예쁜 조각들이
온 천지에 나부끼고 있습니다
여기도 생명, 저기도 생명,
막강한 구심력을 지닌
아름다운 생명에너지가
저희 앞에서 춤을 추고 있습니다
지금 그 생명을 주울까요?
당장 그 생명을 입을까요?
지금 그 생명을 먹을까요?

하오나 눈이 부셔서
그러나 가슴이 터질 것만 같아
그러하오나 온 존재가 너무 떨려
당신 부활생명을 보고만 있습니다

다시 사신 주님,
당신께서 다시 살아나셔서
빈 무덤이 된 곳에서
환한 빛이 세차게 비춰 옵니다
저 출렁이는 빛보라는 무엇입니까?
죽음을 이기신 승리의 표지,

악마를 무찌르신 위업의 표징,
세상을 정복하신 영광의 상징인가요?
지금 그 빛을 휘감을까요?
당장 그 빛을 삼킬까요?
지금 그 빛을 가질까요?
하지만 아직 저희는 어둠이어서
그렇지만 아직 저희는 부끄러워서
그러나 저희는 여전히 죄인이어서
당신 부활의 빛을 바라보고만 있습니다
오 주님,
당신 부활생명을 에너지로 삼고
당신 부활의 빛을 아우라로 두르고
영광의 깃발을 세우게 하옵소서

빛이신 주님,
당신은
우리의 죽음을 살라 내신 빛,
우리의 죄를 태워 버리신 빛이십니다
비추소서

사르소서, 태우소서
어둠을 드러내신 그 빛으로
무지를 일깨워 주신 그 빛으로
어리석음을 밝히신 그 빛으로
드러내소서, 일깨우소서
밝히소서 ✝ 아멘

4월
April
25일

♣ 우리는 살아있으나, 예수로 말미암아 늘 몸을 죽음에 내어 맡깁니다. 그것은 예수의 생명도 또한 우리의 죽을 육신에 나타나게 하기 위함입니다. (고후 4:10-11)

죽음은 마지막 발언권을 잃었으니

생명 자체의
핵심에 깃든 죽음,
생명의 끝에
일어나는 죽음을
십자가에서 실존적으로
입증해 주신 주님,
우리도 당신과 함께
살고 느끼고
이해하고 사랑하기에

당신과 함께 십자가에서 죽기를 바라십니다
우리의 십자가는 유한한 상황에 뿌리박힌 채
무한을 지향하는 정신 안에
그 자리가 있음을 알려 주시니 감사합니다
십자가와 죽음을 겸허하게 맞으면
인간 존재의 최고의 표현이 된다고
가르쳐 주심을 감사합니다
오 주님,
당신이 부활하심으로써
죽음은 이제 마지막 발언권이 없어졌습니다
우리도 죽음에 대한 마지막 발언권을 철회합니다
우리의 부활을 확신하게 하소서

주님, 부활하신 주님,
오늘 '본래의 사건'으로서의 죽음과
죽음의 현실성을
인정하게 해 주심을 감사합니다
죽음에 대한 가차없는 준엄성,
그러나 죽음은 구원으로의 문임을

차근차근하게 일러 주심을 감사합니다
죽음은 인간의 죄의 표현이고
하나님을 거스른 것을 보여 주는 것임을
이해하게 해 주셔서 감사합니다
그러나 당신의 죽음을 통하여
죽음 안에는 응고된 생명이
녹아 내려져 있음을 보여 주시니 감사합니다
우리의 생명은
죽음으로부터 새로운 빛을 받게 되며
완전히 새로운 질로 형성될 것이며
새 차원을 경험하게 될 것임을
깨우쳐 주시니 감사합니다
죽음이 있기 때문에
인간의 생명이 진지한 것이고
죽기까지 삶이 진지한 사건이 되는 것임을
숙고하게 해 주심을 감사합니다

주님,
삶은 죽음으로 가는 길임이

확실해졌습니다
죽은 후 영원히 살기 위해
지금 여기서 온전히 죽게 해 주소서
오 주님,
당신이 부활하심으로써
죽음은 이제 최후의 발언권을 상실했으므로
우리도 우리의 죽음에 대한
최후의 발언권을 철회합니다
우리의 부활을 확신하게 하소서 †아멘

♣ 그가 여자들에게 말하였다. "놀라지 마십시오. 그대들은 십자가에 못박히신 나사렛 사람 예수를 찾고 있습니다만, 그는 살아나셨습니다. 그는 여기에 계시지 않습니다. 보십시오, 그를 안장했던 곳입니다." (막 16:1-8)

어린양이 어미양을 살려 냈음이여!

천사를 통하여 당신의 부활을 알려 주신 주님,
말씀하신 대로 다시 살아나셨으니
당신의 부활을 기뻐하며 춤을 춥니다
누우셨던 곳을 보니
과연 비어 있군요
당신께서는 이제
여기 무덤 안에 누워 계시지 않고
거기 무덤 밖에 서 계십니다
거기서 만나 주시겠다 하시니
그리로 달려갑니다

생명의 현존, 승리의 현존이신
당신을 뵈오러 가오니
부활이신 현존으로 안아 주소서

"평안하냐?"
"두려워하지 말라." 말씀하시며
몸소 제자들 앞에 나타나신 주님,
오, 정녕 당신이 사흘 전,
저희를 대속하시기 위해 죽으신
그 주님이시옵니까?
피투성이가 되어 십자가에서 운명하신
그 주님이시옵니까?
할렐루야! 할렐루야! 할렐루야!
당신은 참혹한 고통을 당하시고
무덤에 안장되셨으나
마침내 죽음의 독침을 빼어 던지고
다시 살아나셨습니다
이제 부활하신 당신을 뵙고
죽음이 줄행랑을 칩니다

지옥의 권세가 섬멸됩니다
사탄의 왕국이 붕괴됩니다
오 주님,
당신의 부활은
이 세상에 영원한 승리를 가져왔습니다
빛나는 왕국을 세웠습니다
당신의 빛 속에
저희의 어둠이 스러지게 하소서
당신의 생명이 저희의 죽음을
온전히 삼키게 해 주소서

사랑의 하나님께서
예수를 우리의 주님 되게 하시고
그리스도가 되게 하셨으니
'할렐루야'를 높이 외칩니다
죽임을 당하신 어린양이신
우리 주 예수 그리스도여,
권능과 영광을 세세토록 받으소서
온 땅은 당신 이름의 영광을 노래합니다

우리를 구원하실 오직 한 이름,
예수 그리스도,
그 이름의 영광을 찬양합니다
할렐루야!

참으로 부활하신 주님,
당신께 영광과 권세가 영원무궁토록 있습니다
유월절 희생제물이 되신

어린양 그리스도께 찬미를 드립니다
어린양이 어미양을 살려냈음이여!
죄인들을 성부와 화해시켰음이여!
순결과 진실의 누룩 없는 빵으로
환희의 축제를 펼칩니다
죽음과 생명이 서로 겨루어
치열한 투쟁을 벌였지만,
죽으셨던 우리 주님
살아나 이기심으로써
생명의 주로 왕하심이여! †아멘

4월 April 27일

♣ 그런데 갑자기 큰 지진이 일어났다. 주의 천사가 하늘에서 내려와 무덤에 다가와서, 그 돌을 굴려 내고, 그 돌 위에 앉았다. (마 28:1-10)

누군가를 만나고 싶어

희망의 주님,
당신의 약속이 영원한 실재가 되고
예표가 사라지고 실체가 왔습니다
실재가 사라진 후 상징이 나타났습니다
상징으로 내면화하며
부활의 약속을 희망하면
당신의 실재와 만나게 되리라 믿습니다
당신께 영광을 드립니다

부활의 주님,
당신은 분명히 죽으시고

실제로 다시 살아나셨습니다
죽은 자는 당신을 다시 못 만납니다
자아의 죽음을 거쳐 다시 살아나면
다시 사신 그리스도,
당신을 만나게 해 주시니
저희의 부활이 확실해졌습니다
상징 속에 숨겨진 실재를
보는 자들에게 주시는
부활생명력을 감사드립니다
실제로 죽지는 않았지만
상징적 죽음을 통하여
당신께로부터 부활생명을 받아
당신 안에서 다시 살게 해 주심 감사드립니다
영원히 당신과 함께 다시 살아
누리게 될 부활현존을
살게 해 주심을 확신합니다
당신께 영광을 드립니다

승리의 주님,

아무도 당신의 십자가의 죽음을
거들어드릴 수가 없었습니다
당신께서 그토록 사랑하시고
모든 것을 맡기신 그 아버지께서도
아무 권한도 행사하시지 않은 채,
당신이 죽음으로 들어가시는 모습을
가만히 보고만 계셨습니다
철저하게 고립되시고 소외되시며
참혹하게 외로움에 던져지신 가운데서도
당신께서는 구세주로서
사랑의 일념으로
당신의 생명을 내어 놓으셨습니다
그 무서운 밤이 가고
이토록 아름다운 아침이 당도하다니,
압도적인 감격과 기쁨에
어찌할 바를 모르며 찬양드립니다

줄곧 순례의 길을 동행해 주시는 주님,
이제는 보다 더 새로운 사람으로 만들어 줄

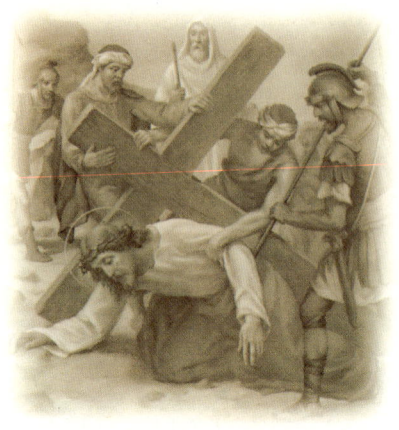

누군가를 만나고 싶습니다
부활은 곧 죽음의 변화임을
철석같이 믿으며 부활만을 소망하는
새 자아가 되게 해 주소서
저희 안에 무엇인가가 살아나
꽃을 피우게 하는 바로 그 곳에
가로막고 있는 돌을 굴려 내 주소서
삶의 문을 폐쇄시키고 있는 그 돌을
하루 속히 굴려 내 주소서
그리하여 부활의 변화를 체험하게 해 주소서
이미 당신의 부활을 통해서

성부께서 열어 놓으신 그 무덤 속으로
들어가게 해 주소서

영광의 주님,
저희 무덤 속으로 깊숙이 들어가
거룩한 삶을 가르쳐 주는
빛나는 옷을 입은 천사들을 만나게 해 주소서
아버지께서 우리의 죽은 몸을
생명으로 변화시키셨다는 것을 볼 수 있도록
우리의 눈을 열어 주는
내면의 천사를 만나게 해 주소서
죽은 것과 경직된 것,
억눌린 것과 죽임당한 것을
아버지께서 소생시켜 주심을 믿게 하소서
그리하여 부활의 변화를
경험할 수 있게 해 주소서　†아멘

4월
April
28일

♣ "나는 부활이요 생명이니, 나를 믿는 사람은 죽어도 살고, 살아서 나를 믿는 사람은 영원히 죽지 아니할 것이다. 너는 이것을 믿느냐?" (요 11:17-27)

영혼의 언덕에 샘이 솟아

영원이신 주님,
살아서 믿는 사람은 영원히 살리라 하시니,
감격에 겨워 마음은 힘차게 뜁니다
생명이신 주님,
당신을 믿는 사람은
죽은 후에 살리라 하시니,
기쁨에 못이겨 춤을 춥니다
영생이신 주님,
당신은 이 세상에 오시기로 약속된
그리스도이심을 믿고 또 믿으며
감사의 눈물을 흘립니다

그리스도이신 주님,
당신은 하나님의 아드님이시며
영원한 중보자이심을 믿고 또 믿으며
승리의 깃발을 높이 듭니다
당신을 올바르게 믿기만 하면
여기서도 영생을 얻고 거기서도
부활생명을 누리게 해 주시마니,
충만한 영광을 받으시옵소서

구원의 주님,
당신을 믿다가 죽은 사람을
생명의 나라로 데려가 주시마니 감사합니다
거룩한 산 시온에 머물도록
초청해 주시마니,
부활의 찬가를 당당하게 부릅니다
그리스도의 부활생명이
저희 영혼에 스며들어
영혼의 언덕에는 샘이 솟아
영혼의 골짜기를 적시고

온 존재의 시내에 물이 넘칩니다
지금은 대낮,
빛의 자녀가 되었사오매,
어둠이나 밤의 행실을 끊게 해 주옵소서
하나님을 믿고 당신을 믿는 우리는
이미 죽음의 세계에서 벗어나
생명의 세계로 들어섰음을 믿습니다
이 위대한 일을 이룩하신
당신의 능력을 찬양합니다 †아멘

4월 April 29일

♣ 그들이 이야기하며 토론하고 있는데, 예수께서 가까이 가서, 그들과 함께 걸으셨다. 그러나 그들은 눈이 가려져서 예수를 알아보지 못하였다. (눅 24:13-24)

원점으로 돌아가고 싶지 않습니다

부활하신 주님,
갑자기 봄볕이 목에 휘감기며
부활하신 당신의 손길이 됩니다
누가 당신이 사셨다고 말해서가 아니라,
신뢰할 만한 사람이 부활증인이어서가 아니라,
당신은 참으로 부활하셔서
빛으로 생명으로
제 안에 현존하십니다
그런데 당신을 따라다니던 몇몇 여자가
새벽에 무덤에 갔다가

당신의 시신을 찾지 못하고 돌아와
천사들이 말한 것만 전했습니다
여전히 부활의 확신이 없었던 것입니다
주님, 저희에게 부활의 확신을 주시옵소서

부활하신 주님,
그 날 거기 모였던 두 사람 이야기가 아닙니다
저희야말로 당신 부활에 대한 반응이 회의적입니다
당신을 만나고 난 후
나름대로 회개한 길에서
원점으로 돌아선 불행한 그들처럼,
저희도 무감각과 무감격
그리고 기다림 없는
메마른 생을 살고 있습니다
부활 후 당신과의 만남을 기대하지 않고
옛날의 그 자리로 돌아왔습니다
암점이 그대로 있어서
당신을 한낱 나그네로 인식할 뿐입니다
알아뵙지 못하면

끝내 중생 없는 삶을 살 터인데
영적 장님 되어 나 자신도 못 보고
당신도 뵈올 수 없으니 답답합니다

부푼 기대감과 희망이 사라져
극심한 좌절감을 안고
고향으로 돌아가던 두 제자처럼,
희망의 상실로 인한
허망한 미래에 대한 패배감을
맛보지 않도록
저희의 눈을 뜨게 해 주옵소서

부활하신 주님,
당신이 자꾸 두 제자에게 말을 붙이시자
퉁명스럽게 짜증을 내는 그들에게서
제 자신을 봅니다
인생이 끝난 듯 허탈할 때
누가 조금만 건드려도
공격적이고 호전적이 되는 것은
감정을 다스리지 못하는 까닭입니다
당신의 부활을 경험하지 못한 까닭입니다
역사적 사실만 이해했지
신앙상의 그리스도를 만나지 못한 자의
부끄러운 모습입니다
오 주님, 부활신앙을 심어 주옵소서

부활하신 주님,
당신의 부활에너지를 받은 자들은
슬픔과 우울, 암점과 맹점,
그리고 회의하는 신앙에서
방향을 돌이킵니다

무감하고 부정적이며 절망적이었던 모습에서
벌떡 일어섭니다
예쁜 꽃을 보아도 심드렁했던 사람이
들꽃 하나에도 환성을 지르는
감성적 인간으로 바뀝니다
기도시간이 기다려지며
무뎠던 양심이 예민해집니다
불감증을 치유받고 다시 일어나
생명의 기쁨을 노래합니다
은사로서의 믿음이 생겨
부활실재를 살아 내려고 노력합니다
기쁘고도 당당하게,
자랑스럽고도 흔쾌하게,
입술로써가 아니라 가슴으로,
당신이 부활하심을
우리와 함께 계심을
증거하게 해 주옵소서 †아멘

♣ 그러자 그들은 예수를 만류하여 말하기를 "저녁 때가 되고, 날이 이미 저물었으니, 우리 집에 묵으십시오." 하였다. 예수께서 그들의 집에 묵으려고 들어가셨다. (눅 24:28-35)

오늘 여기에 묵으소서

아, 말씀을 통해 뜨겁게 와 계신 주님,
말씀이 사람이 되어 오셔서
말씀대로 사시고
말씀대로 행하시고
말씀대로 죽으시고
말씀대로 다시 사셨으니
당신께 영광을 드립니다
당신의 현존은 너무도 신비스럽습니다
참으로 산다는 것이 무엇인지
발견하게 해 주시는 의미입니다
말씀을 통한 현존이 없다면

빵을 통해서 이루어지는
당신의 현존을 인식할 수 없을 것입니다
말씀으로, 빵으로,
오늘도 우리에게 오셔서
그것이 가리키는 것을 현존케 해 주소서
그것이 표현하는 것을 창조하게 해 주소서
우리를 치유하시고
우리라는 존재를 생명으로 채워 주소서
당신과 함께 있고 싶사오니
오늘 여기에 묵어 가시옵소서

시간의 처음부터
우리와 하나되길 원하신 주님,
우리의 가장 내밀한 삶의 벽 안에까지
어서 들어오소서
아침에도, 한낮에도,
그리고 날이 저물어 저녁 때가 되어도,
우리와 함께 자리하소서
우리가 하는 모든 일을 보시고 들으시고

잘못된 것을 말씀해 주소서
당신과의 충만한 일치에 들어가도록
은총을 내려 주옵소서
전적인 자기증여의 사랑의 신비를 드러내소서
제자들은 당신이 주시는 빵을 먹고서야
당신을 알아뵈었사오나,
우리에겐 지금 여기서 당장
영적 깨달음을 주시어
당신이 누구신지 알아뵙게 하소서
당신이 건네 주시는 빵을 먹고
당신의 삶으로 들어가
성부와의 거룩한 일치 속에
살아가게 해 주소서
오 주님,
당신과 함께 있고 싶사오니
오늘 여기에 묵어 가시옵소서 †아멘

성 | 경 | 찾 | 아 | 보 | 기

삼하
16:5-13 p. 36

잠
27:17-19 p. 10

아
4:12-15 p. 116
4:16 p. 106
7:10-12 p. 18

사
59:12-14 p. 68

마
5:5 p. 53
14:22-23 p. 22
19:16-22 p. 57
21:1-11 p. 100
26:31-35 p. 86
27:35-44 p. 121
28:1-10 p. 143

막
5:35-43 p. 44
9:30-32 p. 28
16:1-8 p. 138

눅

9:57–62 p. 49
10:38–42 p. 80
22:12–19 p. 110
22:54–65 p. 93
24:13–24 p. 151
24:1–8 p. 130
24:28–35 p. 156

요

11:17–27 p. 148
19:31–34 p. 125

행

7:54–60 p. 76

롬

11:25–35 p. 60

고후

4:10–11 p. 134

딤후

2:20–26 p. 33

히

11:32–38 p. 72